Franzi liebt Tiere über alles. Sie ist sehr sportlich. Bei einer Verfolgungsjagd entkommt ihr kein Täter.

Zusammen sind sie Die drei !!! und haben schon viele knifflige Fälle gelöst.

Die drei !!!

Rehkitz in Gefahr

Von Jule Ambach

Illustriert von Katja Rau

KOSMOS

Umschlag- und Innenillustrationen von Katja Rau

Unser gesamtes lieferbares Programm und viele weitere Informationen zu unseren Büchern, Spielen, Experimentierkästen, Autoren und Aktivitäten findest du unter **kosmos.de**

FSC www.fsc.org
MIX
Papier | Fördert gute Waldnutzung
FSC® C043106

Gedruckt auf chlorfrei gebleichtem Papier

Pfizerstraße 5–7, 70184 Stuttgart
info@kosmos.de

ISBN: 978-3-440-16414-3
Redaktion: Katharina Höfelmann
Grundlayout und Satz: DOPPELPUNKT, Stuttgart
Produktion: Hanna Schindehütte, Lisa Mühlenbrock
Druck und Bindung: Grafisches Centrum Cuno, Calbe
Printed in Germany / Imprimé en Allemagne

Inhalt

Rehkitz in Gefahr

„Warum machen Leute so was?“, seufzte Kim. Sie hob eine leere Gummibärchentüte auf und steckte sie in einen Müllsack.

Der Sack war schon fast voll, obwohl Kim, Franzi und Marie erst eine Stunde in dem kleinen Wäldchen unterwegs waren.

Das Jugendzentrum hatte heute zum Aktionstag aufgerufen. „Kein Müll in unserer Stadt!“ war das Motto.

Darum hatten sich die drei !!! am Stadtwald verabredet. Sie wollten hier so viel Müll wie möglich aufsammeln.

„Ich verstehe das auch nicht“, antwortete Marie. „Das ist so …“

„Pst, seid mal still“, unterbrach Franzi ihre Freundin Marie.

Die drei !!! blieben stehen und lauschten. Der sanfte Wind ließ die Baumkronen rascheln. Aber es war auch ein Fiepen zu hören.

„Vielleicht ein verletztes Tier", überlegte Kim.

Leise liefen sie in die Richtung, aus der das Geräusch zu kommen schien.

„Da", flüsterte Franzi und deutete auf eine Lichtung.

Kim und Marie schauten sich suchend um.

„Na da, ein Rehkitz", flüsterte Franzi ungeduldig.
„Warum fiept es denn so?", fragte Kim besorgt.
Franzi schlug vor, ihren Vater anzurufen. Herr Winkler war Tierarzt. Er wusste bestimmt, was zu tun war.

Nachdem Franzi aufgelegt hatte, erklärte sie ihren Freundinnen: „Wir sollen das Rehkitz auf keinen Fall anfassen oder näher herangehen. Wenn die Mutter in einer halben Stunde nicht da ist, sollen wir die Wildtier-Station anrufen."

Die drei
Freundinnen
versteckten sich in
einiger Entfernung.
Sie warteten gespannt.
Doch die Mutter
des Rehkitzes
tauchte nicht auf.
Franzi rief bei der
Wildtier-Station an
und beschrieb ihren
genauen
Standort.

Zehn Minuten später kam ein Geländewagen angefahren. Zwei junge Frauen stiegen aus.

„Hallo, ich bin Julia Walter. Ihr hattet bei der Wildtier-Station angerufen?“, begrüßte eine der beiden Frauen die Mädchen.

Franzi nickte und erzählte, was ihr Vater am Telefon erklärt hatte.

„Das habt ihr genau richtig gemacht“, antwortete Julia Walter. „Menschen dürfen einem Rehkitz auf keinen Fall zu nahe kommen oder es sogar anfassen. Es kann sein, dass seine Mutter das Rehkitz dann nicht mehr annimmt.“

„Aber jetzt nehmen Sie das Rehkitz mit zur Wildtier-Station, weil seine Mutter nicht mehr zurückkommt?“, fragte Marie nach.
„Wir werden es dort füttern und großziehen, bis es allein in der Natur überleben kann“, erklärte Frau Walter.
„Ihr könnt es gerne besuchen kommen.“
Die drei !!! nickten begeistert.

Die beiden Frauen hoben das Rehkitz ganz vorsichtig hoch. Sie trugen es zu einer Transportbox, die sie zuvor bereitgestellt hatten. Die beiden Frauen legten das Rehkitz hinein.

Franzi half ihnen und schloss die Tür der Box.

Die drei !!! winkten, als Frau Walter und ihre Kollegin mit dem Rehkitz davonfuhren.

„Was wohl mit der Mutter von unserem Rehkitz geschehen ist?“, überlegte Kim.

Hilfe für das Rehkitz

Wir haben ein Rehkitz im Stadtwald gefunden! Jetzt wird es in der Wildtier-Station aufgepäppelt.

Was fressen Rehe? Kreise ein.

Gefährlicher Müll

Die drei !!! liefen durch den Stadtwald zurück. Dabei entdeckte Franzi eine Getränkedose, die etwas abseits des Weges lag. Sie hob sie auf und starrte dann einige Sekunden geradeaus.

„Das müsst ihr euch ansehen!“, rief sie.

Kim und Marie liefen sofort zu ihr. Franzi deutete auf eine Senke, in der sich Schrott und Müll auftürmten.

„Eine Müllhalde mitten im Wald“, sagte Kim erschrocken.

„Hier sind Reifenspuren“, sagte Marie und deutete auf den Waldboden.
„Wir müssen herausfinden, wer den Müll hergebracht hat“, sagte Franzi wütend.
„Das werden wir“, antwortete Kim grimmig. „Schließlich sind wir Detektivinnen. Wir brauchen bloß ein bisschen Power.“
Alle drei streckten ihre Hände aus und legten sie übereinander.
Kim sagte: „Eins.“
Franzi sagte: „Zwei.“
Und Marie sagte: „Drei.“

Dann warfen sie ihre Hände in die Luft und riefen gemeinsam:

„Power!!!“

Marie nahm sich Gipspulver und eine Schale aus Kims Detektiv-Rucksack. Mit Wasser rührte sie den Gips an und goss ihn in die Reifenabdrücke.

Während der Gips trocknete, suchten die drei !!! nach Spuren.
Franzi kramte in einem Pappkarton.
„Ich hab was!“, rief sie und wedelte mit einem kleinen Papier.
„Eine Visitenkarte“, stellte Kim fest.

„Da sollten wir mal vorbeischauen“, schlug Marie vor.
„Vielleicht hat diese Merle Baumgartner etwas mit der Müllkippe zu tun. Wir sollten …“
„Pst!“, sagte Franzi scharf. „Hört ihr das?“

„Schon wieder?“, wisperte Kim.
Doch sie konnte es auch hören: den Ruf eines Tieres.

„Das klingt aber schlimm“, flüsterte Marie.
„Kommt!“, sagte Franzi und lief in Richtung der Rufe.

Marie holte schnell die getrockneten Gipsabdrücke. Sie wickelte sie zum Schutz in ein Tuch. Dann lief sie Franzi und Kim hinterher.

Die beiden hatten das Tier schon gefunden.
„Ein verletztes Reh“, erklärte Franzi. Tränen liefen ihr die Wangen hinab. Das Reh blutete an einem seiner Hinterbeine, und es versuchte immer wieder aufzustehen. Doch das gelang ihm nicht.

„Wie konnte das nur passieren?“, murmelte Kim.

Kim zitterte, als sie mit Franzis Handy bei der Wildtier-Station anrief. Marie streichelte Franzis Rücken.

„Es hat sich bestimmt an einem Metallteil auf dieser Müllhalde geschnitten“, schluchzte Franzi.

„Frau Walter kommt gleich“, tröstete Kim ihre Freundin.

Und wirklich: Julia Walter war mit ihrer Kollegin nur wenige Minuten später bei ihnen.
„Das ist vielleicht die Mutter des Rehkitzes. Sie hat sich verletzt und konnte darum nicht zu ihm zurückkehren“, vermutete sie.

Inzwischen war das Reh so schwach, dass es sich zitternd auf den Boden kauerte. Julia Walter erklärte, dass sie das Reh betäuben und mit zur Wildtier-Station nehmen werde. Die drei !!! durften mitfahren. Sie wollten das Rehkitz besuchen.

Tiere in Gefahr

Wir haben die Mutter von unserem Rehkitz gefunden. Sie hat sich schwer verletzt!

Was ist für Tiere gefährlich? Verbinde jedes Bild mit einem passenden Satz.

Waldbrände können dadurch verursacht werden.

Tiere können sich daran verschlucken.

Tiere können sich daran schneiden.

Auf dem Hausboot

Am nächsten Tag trafen sich die drei !!! nach der Schule. Sie wollten zum See am Stadtwald fahren.
Während der Fahrt sprachen sie über ihren Besuch in der Wildtier-Station.
„Ich bin so froh, dass es dem Reh schon etwas besser geht", sagte Franzi.
Kim nickte und trat kräftig in die Pedale. „Stimmt! Und dass das Rehkitz wieder bei seiner Mutter ist."
Am See angekommen, entdeckten sie das Boot sofort.
„Ein Hausboot!", staunte Marie.

„Meint ihr, da wohnt Merle Baumgartner?“, fragte Kim. Franzi klingelte.

Eine Frau öffnete ihnen die Tür. „Hallo“, grüßte sie fröhlich. „Was kann ich für euch tun?“

„Hallo, sind Sie Frau Baumgartner?“, fragte Marie. „Dürfen wir kurz reinkommen? Wir haben ein paar Fragen.“

Frau Baumgartner schaute etwas verdutzt, aber sie bat die drei herein.

Während Kim, Franzi und Marie sich neugierig umsahen, holte ihnen Frau Baumgartner Tee und Kekse.
Dann sagte sie: „Jetzt erzählt doch mal. Was führt euch zu mir?“

Kim zog Frau Baumgartners Karte aus ihrem Rucksack und legte sie auf den Tisch. „Die haben wir auf einer unerlaubten Müllkippe im Stadtwald gefunden“, erklärte Kim.
„Ja, das ist meine“, antwortete Frau Baumgartner überrascht.
Franzi und Marie erzählten nun auch von der verletzten Rehmutter.

Frau Baumgartner schüttelte den Kopf. „Ich gebe meine Visitenkarte natürlich an Kunden und Firmen in der Stadt weiter“, erklärte sie. „Mit dem Müll im Wald habe ich aber nichts zu tun!“

„Haben Sie in letzter Zeit etwas Auffälliges im Stadtwald bemerkt?“, fragte Kim.

Frau Baumgartner überlegte.
Dann sagte sie plötzlich: „Die Männer aus dem Rathaus! Vor zwei Wochen waren zwei Männer aus dem Rathaus hier.“

Frau Baumgartner erzählte: „Es gibt den Plan, ein großes Sportgelände zu errichten. Dafür müssten der Wald und der See verschwinden. Sie haben mir sogar Geld und eine Wohnung in der Stadt angeboten, wenn ich mein Hausboot verlasse."

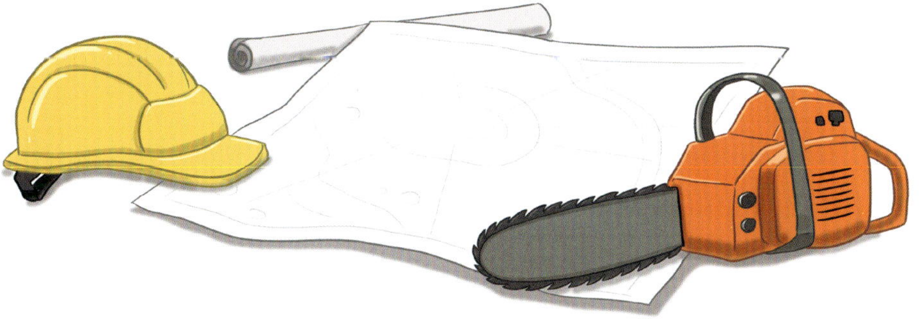

„Die wollen den Wald plattmachen?", entfuhr es Franzi.

Frau Baumgartner winkte ab. „Ich habe natürlich gesagt, dass das nicht infrage kommt. Das Hausboot war immer mein Traum. Und es gibt doch bereits ein Sportzentrum in der Südstadt. Der Wald und der See sind wichtig für die Menschen und die Natur."

Die drei Detektivinnen unterhielten sich noch eine Weile mit Frau Baumgartner.
Später, beim Aufschließen der Räder, sagte Franzi: „Es ist klar, wo wir morgen vorbeischauen müssen, oder?"

Zurück in die Stadt

Frau Baumgartner hat uns einen wichtigen Hinweis gegeben! Dem müssen wir nachgehen.

Wohin fahren die drei !!! als Nächstes? Zeichne den Weg ein.

Ermittlungen im Rathaus

Am nächsten Nachmittag trafen sich die drei Detektivinnen am Rathaus. „Wie sollen wir hier jemals das Büro des Bürgermeisters finden?“, fragte Franzi, als sie in der großen Vorhalle standen.
„Da hängt ein Plan“, sagte Marie.
„3. Obergeschoss, Raum 34 B“, las Kim vor.

Im Aufzug fragte Marie: „Und wie kommen wir da jetzt rein?“
Kim lächelte und antwortete: „Lass mich nur machen.“

Vor der Tür zu Raum 34 B straffte Kim ihre Schultern. Sie räusperte sich und klopfte an.

„Herein!“, rief eine freundliche Stimme. Hinter einem großen Schreibtisch saß ein junger Mann und schaute die drei neugierig an.

„Was kann ich für euch tun?“, fragte er sie.

„Wir schreiben für die Schülerzeitung. Um 14 Uhr haben wir einen Termin beim Bürgermeister“, sagte Kim.

Marie und Franzi hielten den Atem an. Kim war genial!
Mit gerunzelter Stirn schaute der Mann auf seinen Bildschirm.
„Leider kann ich keinen Termin im Kalender finden", sagte er.
„Ähm … Dann haben wir uns wohl im Tag geirrt", antwortete Kim schnell und schob Franzi und Marie zur Tür hinaus.

„Was jetzt?", flüsterte Marie, als sie wieder auf dem Flur standen.
Franzi schaute sich um, dann grinste sie. „Auch ein Bürgermeister muss mal zum Klo", sagte sie.

Also setzten sich die drei !!! auf eine Bank vor den Toiletten und warteten. Endlich öffnete sich eine Tür.

„Das ist er!“, zischte Marie, die den Bürgermeister schon aus der Zeitung kannte. Hastig sprangen die Mädchen auf.

Marie trat vor und überreichte eine Visitenkarte. „Herr Bürgermeister“, sagte sie. „Wir sind Detektivinnen. Wir ermitteln im Fall von unerlaubt abgeladenem Müll.“

Der Bürgermeister nahm überrascht die Karte entgegen. Die drei !!! erzählten von dem Müll im Wald. Sie erklärten auch, dass sie von dem neuen Sportzentrum gehört hatten.

Der Bürgermeister hörte aufmerksam zu. „Wir sprechen in meinem Büro weiter“, sagte er dann. „Geht schon mal vor.“

In seinem Büro rollte der Bürgermeister Baupläne aus. „Es gab die Idee, den Wald abzuholzen, um dort ein Sportzentrum zu bauen“, erklärte er. „Aber der Wald ist zu wichtig für Menschen und Tiere. Darum suchen wir jetzt nach einem neuen Ort für das Sportzentrum.“

Als die drei !!! das Rathaus verließen, rasten mehrere Feuerwehrwagen mit Blaulicht und Martinshorn an ihnen vorbei.

„Was ist denn da los?“, rief Kim.

„In dieser Richtung liegt doch der Stadtwald!“, antwortete Marie erschrocken.

Die drei liefen zu ihren Fahrrädern und fuhren den Feuerwehrwagen hinterher.

Beim Bürgermeister

Wir haben den Bürgermeister befragt. Der Wald soll doch nicht abgeholzt werden!

Welche Schilder findet man nicht in einem Rathaus?

Ein versteckter Hinweis

Als die drei !!! am Stadtwald ankamen, wurden die Schläuche schon wieder eingerollt.

„Da ist ja Kommissar Peters“, rief Kim.

Der Kommissar drehte sich um, als er seinen Namen hörte. „Was macht ihr denn hier?“, fragte er überrascht.

„War das Brandstiftung?“, erkundigte sich Franzi.

„Das ist noch nicht ganz klar“, antwortete Kommissar Peters. „Die Feuerwehr geht aber nicht davon aus.“

„Ihr ermittelt doch nicht etwa in dem Müll-Fall?“, fragte Kommissar Peters stirnrunzelnd. „Es werden heute noch Bauzäune rund um die Müllkippe aufgestellt, damit sich dort niemand verletzt.“

Marie zog ihre Freundinnen zur Seite. „Vorher sollten wir uns noch mal am Tatort umsehen“, flüsterte sie.

Die drei !!! verabschiedeten sich und radelten ein Stück um den Wald herum. Dann näherten sie sich der Müllkippe von der anderen Seite.

„Wir suchen jetzt noch mal alles ganz genau nach Spuren ab“, erklärte Kim. „Vielleicht entdecken wir etwas, was uns noch nicht aufgefallen ist.“
Kim stöberte zwischen Farbeimern nach Spuren, und Marie hob vorsichtig einige Schrott-Teile hoch.

Franzi
nahm sich
einen Haufen
blauer
Müllsäcke vor.
„Ich hab was!“,
rief sie
plötzlich.

In einem der Säcke waren Reste von Tapeten. Kim und Marie schauten die bunten Papierfetzen ratlos an.
„Aber das ist doch auch einfach nur Abfall, oder?“, fragte Marie.
„Müll, der uns auf eine neue Spur bringt“, antwortete Franzi vergnügt.

Franzi zückte ihr Handy und tippte etwas ein. Dann hielt sie ihren Freundinnen eine Adresse unter die Nase.

„Es gibt eine Tapetenfabrik in der Stadt. Genau diese Tapeten werden dort hergestellt", erklärte sie.

„Franzi, das ist ja stark!", jubelte Kim. „Da müssen wir hin."

„Aber wie kommen wir in die Fabrik?", wollte Marie wissen.

Kim grinste. „Das mit der Schülerzeitung hat im Rathaus ja auch fast geklappt", antwortete sie.

Papiermüll

Wir haben auf der Müllkippe Tapetenreste gefunden! Jetzt rufen wir in der Tapetenfabrik an und bitten um ein Interview.

Wie viele blaue Säcke mit Tapetenresten liegen auf der Müllkippe?

Verdeckte Ermittlungen

Zwei Tage später warteten Franzi und Kim nach der Schule auf Marie.
„Wo bleibt denn Marie?“, fragte Kim ungeduldig.
Franzi zuckte mit den Achseln.
„Vielleicht hat sie wieder eine Theater- oder Ballettprobe“, antwortete sie.
„Ja, aber wir dürfen unseren Termin in der Tapetenfabrik nicht verpassen“, sagte Kim genervt.
Da kam Marie schon angerannt.
„Ich war noch beim Schulchor“, keuchte sie.

Kim und Franzi warfen sich einen Blick zu und grinsten.

Mit ihren Rädern fuhren die drei !!! zu „Einfach schön wohnen“. Hier wurden die Tapeten hergestellt, deren Reste sie im Wald gefunden hatten.

„Hallo, mein Name ist Kim Jülich. Wir haben einen Termin mit Frau Wagner“, meldete Kim sie beim Pförtner an.

Der Mann nickte und sagte: „Ich bringe euch in ihr Büro.“

Die drei Detektivinnen hatten sich für das Interview ein paar Fragen überlegt. Als sie fertig waren, wollte Frau Wagner sie zur Pforte bringen. „Nein, nein. Wir finden den Weg schon, vielen Dank“, sagte Franzi. Sie wollten sich noch ein bisschen auf dem Fabrikgelände umsehen.

Es war Freitagnachmittag. Die meisten Angestellten von „Einfach schön wohnen“ hatten schon Feierabend.

In den Werkshallen waren zwar noch ein paar Mitarbeiter, aber sie beachteten die drei !!! gar nicht. Wahrscheinlich, weil die Mädchen Besucherausweise um den Hals trugen.

„Seht mal“, sagte Kim und deutete auf ein paar Tapetenrollen.

Franzi suchte nach einem Foto und zeigte es Kim und Marie auf ihrem Handy.

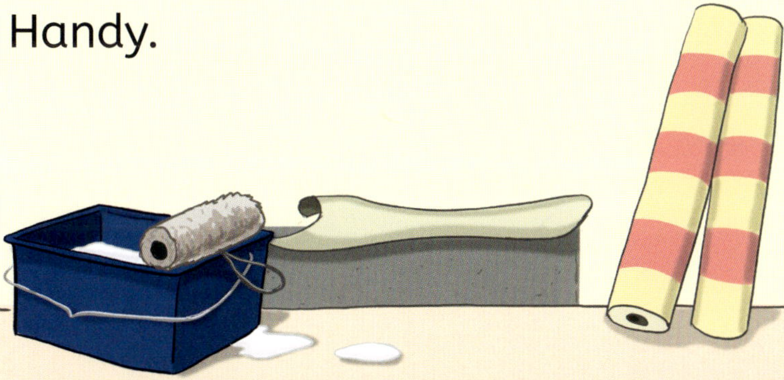

„Genau die Tapeten waren auch in den Säcken im Wald“, flüsterte Franzi.

„Achtung!“, rief plötzlich jemand, und die Mädchen sprangen zur Seite.

Es waren zwei Männer, schwer beladen mit Müllsäcken.

„Hinterher!“, zischte Kim.

Die Männer gingen zu einem Parkplatz. Sie öffneten die Hintertür eines Lieferwagens und luden die Säcke hinein. Dann gingen sie zurück zur Werkshalle.

Die drei !!! schlichen zum Wagen. Kim kniete sich hin und sagte: „Schaut euch das mal an!“

Kim deutete auf die Hinterreifen.
„Die sind ja unterschiedlich“, stellte Marie fest.
„Ganz genau“, bestätigte Kim.

Marie hatte im Wald bei der Müllkippe Gipsabdrücke von Reifenspuren genommen. Danach hatte sie die Gipsabdrücke mit ihrem Handy fotografiert. Eines dieser Fotos zeigte sie nun.

„Das sind ja die gleichen Reifen!“, stieß Franzi hervor.
Da hörten sie Stimmen und Schritte, die näher kamen. Schnell versteckten sich die drei !!! hinter einem anderen Lieferwagen.
Die beiden Männer luden noch etwas Schrott in den Wagen und fuhren vom Werksgelände.
Kim, Franzi und Marie rannten zu ihren Fahrrädern und fuhren dem Lieferwagen hinterher.
„Die sind zu schnell!“, rief Franzi, als der Wagen in die Landstraße einbog.
„Ich glaube, es ist klar, wohin die wollen“, antwortete Marie grimmig.

So ein Schrott!

Das kann ja wohl nicht wahr sein! Die Arbeiter aus der Fabrik wollen wieder Müll in den Wald bringen. Das müssen wir verhindern!

Welchen Lieferwagen verfolgen Kim, Franzi und Marie?

1

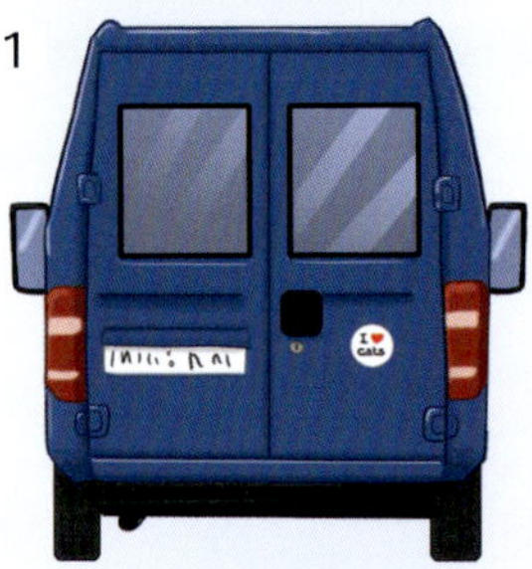

2

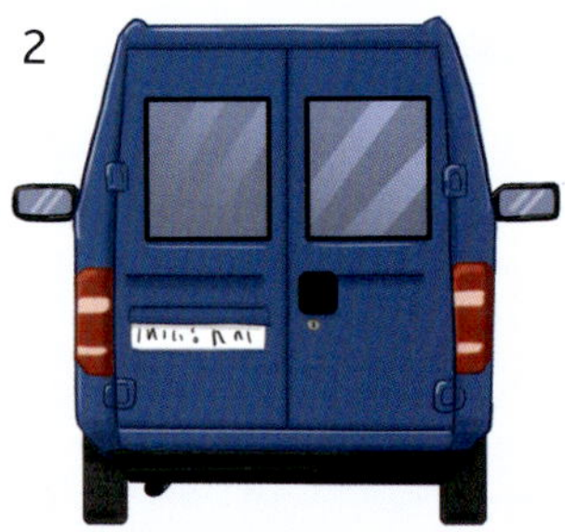

3

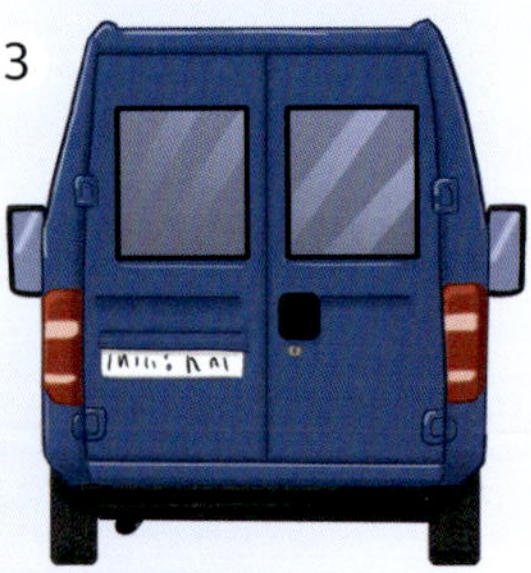

4

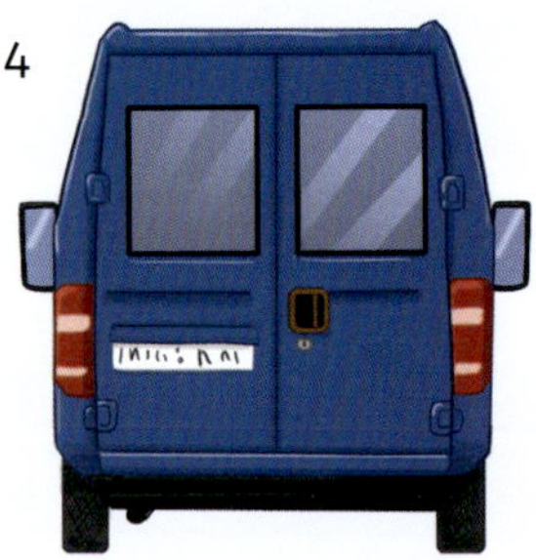

Hinterher!

Es dämmerte bereits, als die drei !!! am Stadtwald ankamen. Kim holte Taschenlampen aus dem Rucksack. Auf dem Waldweg waren frische Reifenspuren zu sehen.

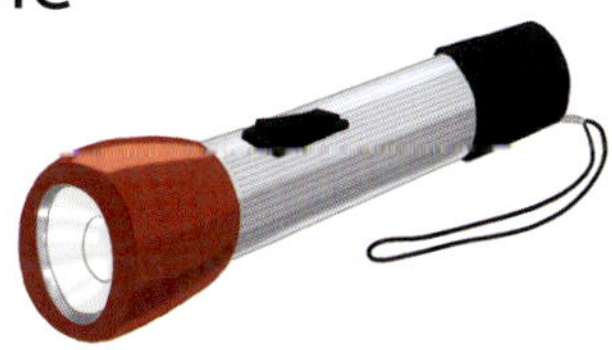

„Da!“, wisperte Franzi.

Vor der Senke stand der kleine Lieferwagen!

Die drei !!! knipsten schnell ihre Taschenlampen aus und versteckten sich hinter einem Baum. Von dort konnten sie sehen, dass die Männer den Schrott und die Müllsäcke aus dem Wagen räumten.

Sie warfen alles achtlos in den Wald. Franzi reichte es. „Hey, was soll das!“, rief sie laut und trat hinter dem Baum hervor.

„Das ist Umweltverschmutzung“, fügte Marie mit fester Stimme hinzu.

„Und hier verletzen sich Tiere!“, rief Kim aufgebracht. „Ist Ihnen das etwa egal?“

„Kümmert euch um euren Kram, okay?“, erwiderte einer der beiden Männer. „Wir machen hier unsere Arbeit. Geht spielen.“

Franzi holte tief Luft, um ihm etwas zu antworten. Doch da war schon ein blauer Lichtschein zu sehen, und ein Martinshorn ertönte. Die beiden Männer blickten erschrocken auf den Polizeiwagen, der den Waldweg entlanggefahren kam.

Kommissar Peters und eine Kollegin stiegen aus.

Kommissar Peters nickte Marie zu.
„Danke für deinen Anruf, Marie. Aber dass ihr im dunklen Wald zwei Verdächtige stellt … Darüber reden wir noch mal in Ruhe.“

Marie grinste. „Klar, Kommissar Peters.“

Seine Kollegin wandte sich an die beiden Männer: „Sie begleiten uns bitte auf die Wache.“

„Wieder mal einen Fall gelöst!“, jubelte Franzi, während das Polizeiauto mit Blaulicht davonfuhr.
„Das müssen wir feiern!“, meinte Kim ausgelassen.
Marie nickte begeistert und sagte: „Ich habe da auch schon eine Idee …“

Müllfreie Zone

Wir haben die Umweltverschmutzer der Polizei übergeben! Das muss gefeiert werden.

Ergänze die Buchstaben a, e, i, o und u.

Das Jugendz_ntrum lädt zum gr_ßen Sommerfest ein, Thema „Ganz ohne Müll“. M_ch mit bei der Kleidertausch-Party _nd gew_nne tolle Preise bei der Müll-Olympiade.

Ganz ohne Müll

„Kim, beeil dich!“, rief Franzi.
„Gleich geht es los.“
Kim schnitt einen letzten Wimpel aus Zeitungspapier aus.
„Ich bin gleich so weit“, rief sie.

Mit anderen Kindern aus dem Jugendzentrum hatten die drei !!! ein Fest organisiert. Bei dem Fest sollte kein Müll verursacht werden.

Viele Mitarbeiter von „Einfach schön wohnen“ hatten die Kinder bei den Vorbereitungen unterstützt.

Frau Wagner war auch da. „Das war völlig falsch von uns, den Müll hier im Wald abzuladen“, gab sie zu. „Wir dachten, wir könnten dadurch Geld sparen. Für unsere Fabrik läuft es gerade nicht so gut.“

Marie brauste auf: „Aber das ist doch kein Grund …“

Frau Wagner unterbrach sie: „Ich weiß. Das war ein Fehler. Aber wir haben daraus gelernt: Statt viel Geld für Müll auszugeben, wollen wir jetzt Müll vermeiden.“

„Das klingt ja prima“, sagte Merle Baumgartner, die auch zugehört hatte.

Franzi schaute auf ihre Uhr. „Wir sollten zum Wald fahren. Julia Walter kommt gleich.“

Heute sollten das Rehkitz und seine Mutter wieder freigelassen werden. Das wollten die drei !!! natürlich auf keinen Fall verpassen!

Lösungen

Seite 12: Rehe fressen:
Löwenzahnblätter, Gänseblümchen,
Eicheln und Maiskolben. 

Seite 21:

Waldbrände können dadurch verursacht werden.

Tiere können sich daran verschlucken.

Tiere können sich daran schneiden.

Seite 29: Die drei !!!
fahren zum Rathaus.

Seite 37: Diese Schilder findet man nicht in einem Rathaus:

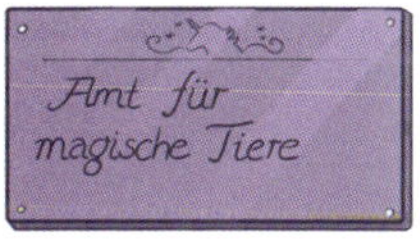

Seite 43: Fünf blaue Säcke liegen auf der Müllkippe.

Seite 52: Sie verfolgen Lieferwagen 3.

Seite 58:

Das Jugendz**e**ntrum lädt zum gr**o**ßen Sommerfest ein, Thema „Ganz ohne Müll“. M**a**ch mit bei der Kleidertausch-Party **u**nd gew**i**nne tolle Preise bei der Müll-Olympiade.

MISSION: LESEN LERNEN

Die drei !!! helfen dir

Lesen lernen ist schwer? Nicht mit diesen spannenden Detektivgeschichten! Kim, Franzi und Marie sind an deiner Seite und nehmen dich mit auf die einmalige Reise in die Welt des Lesens. Fesselnde Fälle, knifflige Rätsel und viele bunte Bilder helfen dir und machen ganz viel Spaß!

- ☐ Geheimnis auf dem Ponyhof
- ☐ Rehkitz in Gefahr
- ☐ Alarm in der Schule
- ☐ Hund entführt!
- ☐ Das Rätsel der Meerjungfrau
- ☐ Rettet die Einhörner!
- ☐ Tatort Baumhaus
- ☐ Chaos im Tierheim
- ☐ Diebstahl auf dem Ponyhof
- ☐ Geisterspuk und Elfenzauber
- ☐ Ein Fall im Skate-Park
- ☐ Tatort Katzen-Café
- ☐ Diebe in Sicht

Punkte sammeln auf antolin.de

kosmos.de/buecherhelden

Kim liest und schreibt gern. In ihrem Detektiv-Tagebuch hält sie alle Ergebnisse und Beweise fest. Nach jedem Kapitel entdeckst du, was sie in ihr Tagebuch schreibt.

Marie ist sehr großzügig und hat viele Hobbies (singen, tanzen, schauspielern). Sie kann super Schlösser knacken.